LE PETIT LI

CALI

AU TRA

PAUL WILSON

PRESSES DU CHÂTELET

Traduit de l'anglais par Evelyne Châtelain

Ce livre est paru sous le titre
The Little Book of Calm at Work,
Penguin Books Australia, 1996.

Si vous souhaitez recevoir notre catalogue et
être tenu au courant de nos publications,
envoyez vos nom et adresse, en citant ce
livre, aux Éditions de l'Archipel,
4, rue Chapon, 75003 Paris.
Et pour le Canada, à
Édipresse Inc., 945, avenue Beaumont,
Montréal, Québec, H3N 1W3.

ISBN 2-911217-64-0

Comme on se sent calme le week-end!
Insouciant, détendu, serein... Ce sont les cinq autres
jours de la semaine, consacrés au travail,
qui mettent nos nerfs à rude épreuve.
Maintenant, imaginez ce qui se passerait si,
au travail, chaque jour se déroulait comme
une journée de week-end. Plutôt agréable, non?

C'est en songeant à cela que j'ai écrit ce petit livre.

Ouvrez-le à n'importe quelle page, trouvez le conseil
le mieux adapté à votre situation, laissez
votre subconscient s'en imprégner
puis mettez-le en pratique.

Mais, surtout, ne prenez pas cela trop au sérieux:
être calme, c'est avant tout un état d'esprit!

Du même auteur

LE PETIT LIVRE DU

CALME

PAUL WILSON

« LE B.A.BA DE L'ANTI-CRISE DE NERFS. »

Madame Figaro

FAITES LE PREMIER PAS

Dans la conquête du calme au travail,
il est une étape capitale qui vous
guidera sur le sentier de la sérénité :
elle consiste à décider de *faire quelque
chose* pour devenir calme.

Alors, pas de temps à perdre :
prenez cette décision tout de suite.

CULTIVEZ UN BONSAÏ

Parfois, une *petite touche de verdure* suffit
à nous soulager des tensions de la vie
quotidienne. Faites l'acquisition
d'un bonsaï pour votre bureau :
il vous servira
de « jardin de méditation ».

LE CARNET MAGIQUE

Pour maîtriser le stress d'une vie
professionnelle agitée, rien de tel
qu'*un crayon et un carnet*. Notez vos
soucis dans une colonne, vos activités
de la journée dans une autre et,
au fil des heures, vous verrez avec
joie les problèmes s'estomper
et les tâches se terminer une à une.

FAITES SEMBLANT

Si vous feignez d'être calme,
si vous adoptez les attitudes
caractéristiques d'une personne
sereine, il ne vous faudra pas
longtemps avant d'être convaincu
que vous êtes *vraiment* calme.

RECONNAISSEZ
VOTRE IGNORANCE

Plus vite vous admettrez *ne pas avoir*
de réponse à une question,
plus vous disposerez de temps
pour trouver cette réponse.

Pas de pitié
pour la paperasse

Soyez impitoyable avec les documents
inutiles en faisant largement usage...
de votre *corbeille à papier*.

DISTINGUEZ L'ESSENTIEL
DE L'ACCESSOIRE

Vous trouverez une nouvelle harmonie
dans votre journée de travail
si vous associez mentalement
à chaque événement important
des *« grandes images »* et aux détails
des *« petites images »*.
Moins ces images se superposeront,
plus vous vous rapprocherez
du calme.

RESTEZ SIMPLE

Plus votre vie et votre activité
se compliquent, plus elles génèrent
de stress. Cherchez toujours
la voie la plus simple – votre cerveau
n'en fonctionnera que plus aisément.

NE VOUS INQUIÉTEZ PAS À L'AVANCE

L'inquiétude concerne toujours l'avenir. Si vous consacrez désormais tout votre temps au *moment présent*, non seulement vous vous sentirez plus calme, mais le futur vous paraîtra moins angoissant.

COMMUNIQUEZ MALIN

Si vous parliez de votre activité
professionnelle avec *la même énergie*
que celle que vous mettez dans sa
réalisation, vous vous éviteriez l'une
des plus grandes frustrations du
monde du travail : être mal compris
ou ignoré.

PARTEZ EN BALADE

Même en plein cœur de la ville, quelques minutes passées dans *un parc ombragé* ou un jardin sont propices à l'équilibre et à la tranquillité d'esprit.

ESPACEZ VOS RENDEZ-VOUS

Accordez-vous *quinze minutes
de battement* entre chaque rendez-vous.
Vous serez plus reposé, et la qualité
de l'entretien suivant s'en trouvera
améliorée.

MALAXEZ DES BALLES

Malaxer des balles vous aidera à vous
libérer des tensions nerveuses
qui se concentrent dans vos mains
et dans vos doigts.

ÉVITEZ VOS SEMBLABLES

Si vous êtes sujet à des bouffées
d'angoisse à la moindre difficulté,
évitez – autant que la politesse
le permet – les personnes qui
vous ressemblent...

ENCORE ET ENCORE...

Vous pouvez transformer toutes
les tâches répétitives en exercice
de méditation reposant. Il vous suffit
d'accroître votre capacité d'attention
en chassant toute pensée parasite.

PARVENEZ CALMEMENT
AU CALME

Être calme est, en soi, l'un des grands
plaisirs de la vie. Mais *parvenir*
au calme doit aussi être un plaisir.

APAISEZ VOTRE CORPS

L'un des moyens les plus efficaces
de trouver le calme est aussi l'un des
plus agréables : des *massages* réguliers.
Un baume pour l'âme autant que
pour le corps...

Tirez vos ambitions au clair

L'ambition associée à des buts
incertains est source d'inquiétude.
Se fixer des *objectifs clairs*, en harmonie
avec ses possibilités, est la meilleure
façon de rester serein.

S'AMUSER EN TRAVAILLANT...

« Travail » n'est pas forcément
synonyme de « pensum ». En faisant
un petit effort pour la concevoir
différemment, l'activité la plus
rébarbative peut devenir *amusante*.

LES VERTUS DE L'IMPRÉVU

Retrouvez l'équilibre en prévoyant de
vous accorder chaque jour une heure...
où vous n'avez *rien* prévu.

AVEC DES FLEURS

La nature est un remède universel,
surtout lorsqu'il s'agit de stress
et de tensions. Si vous n'êtes pas
allergique au pollen, un *vase de fleurs
colorées* ou une plante verte vous
permettront de rester en contact
avec la nature et de bénéficier
de son pouvoir apaisant.

UNE MINUTE
DE TRANQUILLITÉ

De temps en temps, pendant
la journée, *concentrez-vous* sur le calme :
respirez lentement, limitez vos
mouvements, évacuez les pensées
importunes. De la tranquillité
à la sérénité, il n'y a qu'un pas...

La chasse au négatif

Les lumières artificielles,
la télévision, les écrans d'ordinateur
créent une sensation de stress.
Paradoxalement, on peut compenser
ces mauvaises influences grâce à un
appareil électronique : un *générateur
d'ions négatifs*.

ÉTABLIR LES PRIORITÉS

Déterminez vos *priorités* : famille,
amitié, argent, carrière, succès...
et organisez votre vie en fonction
de celles-ci. Ainsi, vous ne perdrez
plus le sommeil pour les petits
désagréments de votre travail.

«LÀ, TOUT N'EST QU'ORDRE ET BEAUTÉ...»

Le désordre est une entrave
à la sérénité : il crée la confusion
et le chaos, requiert une attention
constante et vous rappelle sans cesse
tout ce que vous avez à faire. Mettre
de *l'ordre* laisse la place au calme.

Suivez le sentier de l'inconscient

Si vous dites à votre subconscient ce
que vous voulez, faites-lui confiance,
il transmettra l'information
et deviendra votre *meilleur allié*
dans la recherche du calme.

COUCHEZ-VOUS
DE BONNE HEURE

Votre maman avait raison :
une heure de sommeil *avant* minuit
en vaut deux après !

SAUVEGARDEZ !

Pour rester en paix avec votre
ordinateur, faites des sauvegardes
régulières de votre travail en cours.

GARDEZ UN REGARD D'ENFANT

Essayez d'envisager les aspects
les plus sérieux de la vie
avec un esprit *d'enfant*.
Vous paraissent-ils toujours
aussi préoccupants ?

SUIVEZ LE COURANT

Dans de nombreux arts martiaux,
le but est *d'utiliser* la force
de l'adversaire contre lui. Au travail,
suivez cet exemple : laissez-vous
porter par le courant, utilisez-le
à votre avantage.

RENONCEZ AU SUCCÈS

Contrairement à ce que l'on vous répète depuis l'école, il n'est pas essentiel de réussir *tout* ce que l'on entreprend. Certaines personnes renoncent même définitivement au « succès » pour parvenir à la sérénité.

PARLEZ DU CALME

L'un des effets secondaires les plus
spectaculaires d'une conversation
sur le calme... c'est que cela calme !
A présent, vous saurez de quoi parler
la prochaine fois que vous
vous sentirez tendu !

Choisissez
les vitamines C !

Mangez plus de produits riches
en *vitamine C*, comme les fruits
et les légumes, car ils ont des effets
positifs sur votre santé mentale
et vous aident à rester calme.

APPRENEZ À RENONCER

Vous vous sentirez plus en paix
si vous *renoncez* aux choses
qui sont hors de votre portée
pour vous concentrer sur tout
ce qui reste possible.

PROFITEZ DE TOUT

Si vous vous *concentrez pleinement*
sur votre activité, aussi terre-à-terre
ou futile soit-elle, le temps finit
par disparaître et laisse place
à une sensation de satisfaction
et de plénitude. La paix intérieure
n'est plus très loin…

Un petit somme

Même si vous restez assis à votre bureau, accordez-vous un *petit somme* au cours de la journée. Quelques minutes de repos peuvent suffire à vous apporter calme et sérénité.

HUMEZ LA SÉRÉNITÉ

Certaines fragrances stimulent
la production de *sérotonine*,
une substance apaisante jouant le rôle
de neurotransmetteur. Les parfums
de lavande et de camomille
sont particulièrement recommandés.

GUETTEZ
LES PREMIERS SIGNES

Vous pouvez facilement surmonter les
tensions lorsque vous les sentez venir.
Guettez-en les *premiers signes* :
accélération du discours, respiration
heurtée, gestes désordonnés.
Ils vous indiquent qu'il est temps
de vous concentrer pour retrouver
votre calme.

CULTIVEZ VOTRE JARDIN

Une simple *plante verte* ou, mieux,
plusieurs, offrent un moyen naturel
de s'opposer aux rayonnements
agressifs des photocopieurs,
ordinateurs et lumières artificielles.

LA MÉTHODE COUÉ

Pour vous sentir calme, dites-vous :
« A chaque instant, le calme
et la sérénité m'enveloppent
et se propagent à tout ce que je
touche. » Répétez cette phrase
lentement, avec autant de conviction
que possible.

LÉVITATION IMAGINAIRE

Imaginez que votre corps est en
suspension à quelques centimètres
au-dessus du sol. Il s'élève encore,
et encore. Une légèreté infinie
vous envahit...

PRENEZ VOTRE TEMPS

Contrairement à ce que vous croyez,
vous avez tout le temps de faire
ce que vous *choisissez* de faire.
C'est en travaillant lentement que
vous travaillerez de la façon la plus
satisfaisante... et la plus efficace.

QUE D'EAU, QUE D'EAU !

Buvez de l'eau en *grande* quantité,
même si cela vous paraît exagéré.
Vous serez en meilleure santé et vous
vous sentirez bien plus apaisé.

C'EST TOUT POUR
AUJOURD'HUI !

A la fin de votre journée de travail,
accordez-vous la permission de vous
reposer et de vous faire plaisir
au cours des heures qui suivent.
Cela peut vous sembler une évidence,
mais très peu de personnes mettent
ce conseil en pratique.

CONCENTREZ-VOUS

Vous entendez souvent dire que les
athlètes et les acteurs se « concentrent »
avant d'accomplir une performance
ou de monter sur scène. Suivez leur
exemple : pour devenir plus calme
et plus efficace, concentrez-vous sur
le *rythme* de votre propre respiration.

REMÉMOREZ-VOUS
LES MOMENTS DE CALME

Chaque fois que vous aurez besoin
de vous détendre, *rassemblez
vos souvenirs* de moments calmes
et relaxants.

RENONCEZ AUX EXCITANTS

Les excitants n'aident *jamais* à trouver
le calme. Préférez-leur l'exercice
physique, les tisanes et la nourriture
saine, et prenez plaisir à retrouver
la tranquillité.

BANNISSEZ LES ÉCHÉANCES

Lorsqu'on vous fixe une date limite,
transformez-la aussitôt en période
de temps dont vous disposerez à votre
guise. Ainsi, c'est à *vous*, et non à un
tiers, qu'il revient de déterminer
votre charge de travail.

DÉBORDEZ D'ENTHOUSIASME

La vie n'est-elle pas plus
enrichissante, plus satisfaisante
et plus productive lorsqu'on l'aborde
avec enthousiasme ? Alors, ne vous gênez
surtout pas !

MANGEZ DES FRUITS FRAIS

... plutôt que de vous précipiter
sur un sandwich à l'heure
du déjeuner ! Vous serez *plus détendu*
pour le reste de la journée.

RESPIREZ LENTEMENT

Respirer *lentement et profondément*
est au cœur de toutes les techniques
d'arts martiaux, de relaxation ou d'art
dramatique. Écoutez attentivement
l'air entrer dans vos poumons
et s'en échapper. En quelques minutes,
une douce sensation de plénitude
se fera sentir...

METTEZ VOS AMIS
À CONTRIBUTION

On ne gagne rien à rester malheureux
dans son coin. Pour vous décharger
du poids de vos soucis,
de vos souffrances, *parlez-en*
avec vos proches ! Les amis sont
(aussi) là pour ça, non ?

LÈVE-TOI ET MARCHE !

Lorsque la tension commence
à monter et que les problèmes
vous submergent... laissez tout
en plan et *marchez* !

REFUSEZ POLIMENT

Savoir *refuser* gentiment une charge
de travail supplémentaire
ou une activité sociale marque
souvent la différence entre l'efficacité
et le surmenage.

Soyez optimiste

Il n'est pas toujours facile de voir
l'aspect positif des choses. Si vous
prenez la peine de le rechercher
systématiquement, il vous apparaîtra
de plus en plus facilement.

ALLEZ EN PAIX !

Pourquoi porter le poids des rancœurs
et des rancunes ? *Faites la paix*
rapidement avec ceux à qui
un différend vous a opposé. Vous serez
bientôt sur la route de la sérénité.

HAUSSEZ LES SOURCILS

Une manière simple de soulager
la tension qui crispe le visage consiste
à *simuler la surprise* en relevant
légèrement les sourcils
et les commissures des lèvres.

ÉCOUTEZ LE SILENCE

Si vous considérez que le silence
n'est pas tant une absence de son
qu'une manifestation *harmonieuse*,
vous saurez bientôt en apprécier
toutes les apaisantes variations...

DORLOTEZ-VOUS

Le *confort* est une composante
essentielle du calme : une température
modérée, un fauteuil confortable,
des vêtements agréables à porter...
et le stress n'a plus qu'à
bien se tenir !

OUBLIEZ LE CAFÉ

Même si retrouver ses collègues autour
de la machine à café peut sembler
convivial, sachez que la consommation
de cet excitant augmente le stress
de façon significative.
Préférez-lui un substitut *sans caféine*.

PARTEZ TRAVAILLER DE BONNE HEURE

Mettez-vous en route avec *quelques minutes* d'avance. Au pire,
vous arriverez à l'heure et détendu ;
au mieux, vous bénéficierez
de quelques instants de liberté avant
de débuter votre journée de travail.

DÎNEZ LÉGER

Les nourritures *légères*, faciles
à digérer, sont connues pour favoriser
la relaxation. Privilégiez-les donc,
non seulement parce qu'elles sont
délicieuses, mais aussi parce qu'elles
participent à votre bien-être.

ATTENDEZ
L'ORDRE DU JOUR

Si vous ne voulez pas perdre votre
calme, n'assistez jamais à une réunion
dont l'ordre du jour n'aura pas été
clairement établi.

ÉCOUTEZ VOTRE CŒUR

Écoutez le son de vos *pulsations cardiaques* tout en ralentissant le rythme de votre respiration. Répétez-vous : « Mon pouls est calme et régulier. » Avant même de vous en apercevoir, vous serez plus détendu.

RÉJOUISSEZ-VOUS DE VOTRE CHARGE DE TRAVAIL

Ceux qui ont toujours beaucoup
de travail se sentent *plus en sécurité*
que ceux qui cherchent constamment
ce qu'ils pourraient faire.

DÉNICHEZ UNE CACHETTE

Trouvez-vous un *petit coin* – une chaise,
une pièce à l'écart – que vous pourrez
associer aux sentiments de détente
et de relaxation. Allez vous y réfugier
chaque fois que le besoin s'en
fera sentir.

LE CALME, C'EST LE PIED

Au bureau, portez des mocassins
plutôt que des chaussures à lacets.
Dès que vous le pouvez, ôtez vos
chaussures et agitez vos orteils.
Sensation de bien-être garantie.

PRÉVOYANCE EST MÈRE DE SÉRÉNITÉ

Lorsque vous savez *à l'avance* quelle direction suivre, ne trouvez-vous pas qu'il vous est plus facile de garder votre calme ? Planifiez, prévoyez, programmez... c'est la clé de la sérénité !

Entraînez-vous

L'exercice physique régulier permet
de mieux s'adapter à toutes
les situations et vous aidera
à vous sentir apaisé et rasséréné.

ACCEPTEZ VOS LIMITES

C'est un fait avéré : on n'est capable
de réaliser qu'un *nombre fixe*
de tâches. Reconnaissez vos limites
et vous serez plus détendu
dans votre travail.

UTILISEZ VOS REPÈRES

Dans la vie, on a souvent tendance
à essayer de se conformer aux critères
que d'autres ont fixés pour nous.
Pour améliorer votre efficacité
et échapper au stress, adaptez
ces critères à vos *propres* mesures.

LAISSEZ LA PERFECTION
AUX AUTRES

Laissez donc l'obsession
de la perfection à vos collègues
et agissez au mieux de *vos* possibilités.
Rien de tel pour se sentir reposé
et satisfait.

FUYEZ LA ROUTINE

La plupart des tensions naissent
de la routine. Alors, sortez des
sentiers battus et à vous les *chemins
de traverse* ! Consacrez-vous plusieurs
fois par jour à de nouvelles tâches.
Vous en ressentirez très vite
les bienfaits.

COMPTEZ LES POINTS

Les petites étapes qui mènent
à l'accomplissement d'une tâche
apportent *plus de satisfaction* lorsqu'on
se récompense pour les progrès déjà
réalisés et les objectifs atteints.

DES LENDEMAINS
QUI CHANTENT

Vous pouvez révolutionner votre vie
en toute sérénité si c'est *vous*
qui l'avez décidé et si
ces bouleversements conduisent
à de vraies améliorations.

MÊLEZ-VOUS AUX AUTRES

Les relations sociales fournissent
un moyen agréable pour surmonter
l'angoisse issue de la solitude.
Pour rester calme, *mêlez-vous aux
autres* sans rien attendre d'eux.

DISTRAYEZ-VOUS

Votre subconscient vous aidera à vous
sentir calme et détendu si vous vous
distrayez : amusez-vous, tournez-vous
en dérision, faites plus appel à votre
imagination qu'à votre intelligence.

QUESTION D'APPARENCE

Vous pouvez progresser sur le chemin
de la sérénité en adoptant des *attitudes
reposées* : un discours aisé, des mâchoires
relâchées, un visage souriant,
des doigts souples.

MASSEZ-VOUS LE FRONT

Lorsque la journée est difficile,
les tensions s'accumulent dans les
traits du visage. Pour trouver un peu
de soulagement, pressez *du bout des
doigts* le front jusqu'à l'arrière
du crâne.

AÉREZ-VOUS

Placez une chaise près d'une fenêtre
ouverte ou sortez vous promener :
l'air frais est l'un des remèdes
les plus efficaces contre l'anxiété.

Ayez la situation en main

Il est très facile de faire croire
à son subconscient qu'on a le contrôle
de la situation en agissant... *comme si*
c'était le cas ! Alors pourquoi vous
en priver ?

RETOUR VERS LE FUTUR

Si vous voulez prendre la juste
mesure de vos soucis du moment,
demandez-vous quelle importance ils
revêtiraient *dans un an*, si vous les
analysiez avec le recul du temps.

METTEZ LE DOIGT
SUR VOTRE STRESS

Il existe un point de *do-in* de chaque
côté de l'arête du nez. Frottez-le
doucement et glissez les doigts autour
des yeux : vous sentirez vos tensions
se dissiper.

ESCLAFFEZ-VOUS !

Faites voler vos soucis
en écla... tant de rire !

AUPRÈS DE MON ARBRE...

Des *arbres* se dégage une sensation
de sérénité. Choisissez un arbre qui
vous plaît et rendez-lui une petite
visite chaque fois que vous
vous sentirez tendu.

Mastiquez lentement

Il est d'autant plus important
de *prendre son temps* pour les repas
qu'on travaille dans un environnement
agité. Si, en outre, vous prenez soin
de mâcher lentement, non seulement
votre collation vous paraîtra plus
savoureuse, mais elle sera synonyme
de détente.

LE CALME
DES GRANDS ESPACES

Il est plus facile de se sentir en paix
au milieu d'une pièce que dans un
coin étriqué. On se sent plus à l'aise
à l'écart de la foule que tassé dans le
métro ; on respire mieux dans un parc
que dans un ascenseur. Recréez une
impression d'espace en vous éloignant
du tumulte.

REGARDEZ-VOUS
LE NOMBRIL

Lorsque vous inspirez profondément,
le diaphragme se soulève et l'on sent
son ventre gonfler dans la zone du
nombril. Prenez conscience de cette
sensation pendant la journée et il
vous sera plus facile de vous relaxer.

JAMAIS SANS MON KIWI

Les aliments riches en *potassium*, tels
le kiwi ou la banane, sont souvent
associés à des sentiments de bien-être
et de gaieté.

DROIT AU BUT !

Sur votre lieu de travail, efforcez-
vous de savoir ce que vous voulez et
de le demander de manière *aussi directe*
que possible. Prévoyez ce que vous
allez dire et procédez à quelques
répétitions afin d'être sûr de
maîtriser la situation.

QUI SE RESSEMBLE...

Le calme est *contagieux*.
Appréciez la compagnie des gens
calmes, non pour la stimulation
qu'ils vous apporteront, mais pour
l'impression de sérénité qui émane
de leur personne.

RENONCEZ
AU POUVOIR ABSOLU

Au travail, la meilleure façon
de préserver son équilibre
et son temps est de *déléguer*.
Focalisez-vous sur les tâches
pour lesquelles vous êtes le meilleur
et confiez les autres à un collègue.

DEMANDEZ ET VOUS OBTIENDREZ

Il est remarquable de voir
tout ce que l'on peut obtenir
lorsqu'on le demande *franchement*
au lieu d'attendre désespérément
qu'on vous le propose.

ÉVITEZ LES FILES D'ATTENTE

La seule place reposante dans une file
d'attente, c'est la *première*. Utilisez le
téléphone, le fax ou le courrier pour
éviter d'avoir à faire la queue. Lorsque
vous ne pouvez y échapper, prévoyez
le double du temps de l'attente
prévisible. Vous ne pourrez être
qu'heureusement surpris !

BAISSEZ LES PAUPIÈRES

Vous pouvez vous créer un instant
de calme, rien que pour vous,
en *baissant les paupières*, très lentement.
Si vous vous concentrez pour relâcher
les muscles du visage en même temps,
le sentiment de paix s'en trouvera
renforcé.

RÉGLEZ LES PROBLÈMES

Remettre ses obligations à plus tard
génère tensions et angoisses.
Tranquillisez votre esprit en traitant
les problèmes *au fur et à mesure*
qu'ils se présentent.

FAITES VOS DEVOIRS

Dans tous les environnements
où la concurrence est vive, plus vous
serez *au courant* de ce qui se passe,
plus vous vous sentirez en sécurité.
Préparez vos dossiers, étudiez votre
sujet... et vous aurez toutes les cartes
en main pour ne jamais perdre
votre calme.

Ayez une vie privée

Contrairement à ce que le patron
voudrait vous faire croire, il y a *autre
chose* dans la vie que le travail.
Préservez votre intimité
et vous atteindrez la sérénité.

CHANGEZ !

Quand vous vous sentez sous pression, faites quelque chose de *différent*. Travaillez d'une manière inhabituelle, pensez d'une autre façon, asseyez-vous dans le fauteuil d'un collègue.

SOYEZ INDULGENT ENVERS VOUS-MÊME

Au bureau, les contraintes les plus graves sont souvent celles que vous vous imposez. Ayez des ambitions *raisonnables*, établissez votre propre emploi du temps, fixez vous-même vos délais et... savourez ce calme retrouvé.

ALLEZ DE L'AVANT

C'est étrange comme les humains
se complaisent dans le passé, songeant
à ce qu'ils ont fait, à ce qu'ils
auraient dû faire... Les gens calmes
raisonnent différemment : puisqu'il est
impossible de faire marche arrière,
autant profiter de la vie et continuer
à aller de l'avant !

NE VOUS LAISSEZ
PAS SONNER

Les *sonneries stridentes* mettent les nerfs
à rude épreuve. Si vous ne pouvez
remplacer la sonnerie de votre
téléphone par un signal plus
harmonieux, baissez le son
au maximum.

EN AVANT, MARCHE !

Lorsque vous êtes tendu ou anxieux,
sortez dans la rue. *Marchez rapidement*
pendant vingt minutes, les épaules
redressées, la tête haute,
et l'apaisement viendra de lui-même.

L'ABC DES VITAMINES

Les vitamines *A, C et E*, et certaines
vitamines *B*, les anti-oxydants,
ont de puissants pouvoirs de guérison,
des vertus calmantes et permettent
de lutter contre le vieillissement.

CHOISISSEZ VOTRE PATRON

Si vous vous dites que c'est *vous* qui
avez choisi votre patron, et non
l'inverse, vous avez toutes les chances
de vous sentir maître de la situation.

TROUVEZ LE CALME
DERRIÈRE LA TENSION

Constatez la différence entre « tendu »
et « relaxé » en bandant un muscle
puis en l'étirant. Un *relâchement*
très agréable !

L'IMAGINATION AU POUVOIR !

Le cycle humain exige une activité cérébrale pure (imagination, visualisation, rêve éveillé) *toutes les 90 minutes*. Faites-en l'expérience et le calme deviendra chez vous une seconde nature.

EXPLOITEZ
LES TEMPS MORTS

Au lieu de chercher des sources
de distraction ou de stimulation,
exploitez votre temps libre
pour chercher des *moyens*
de parvenir au calme.

UN PEU D'INTROSPECTION

La façon la plus efficace d'échapper
à une situation de travail stressante
est de suivre un cours de *développement
personnel*. Vous serez forcé de vous
concentrer sur quelque chose
d'inhabituel et vous apprendrez de
nouvelles manières d'accomplir un
travail, libéré de tout stress.

C'EST CARNAVAL !

Vos supérieurs hiérarchiques
vous impressionnent ? Imaginez-les
dans des *déguisements ridicules*. Une fois
que vous aurez vu votre P.-D.G. en
Mary Poppins, il y a de fortes chances
pour qu'il ne vous paraisse plus
aussi menaçant !

PASSEZ EN 33 TOURS

Ralentissez vos mouvements, parlez
moins vite, respirez plus lentement...
La recette miracle pour parvenir
à la sérénité !

LA GENTILLESSE, ÇA PAIE !

L'altruisme et les actes de générosité
peuvent être *aussi gratifiants* pour
celui qui les accomplit que pour leur
bénéficiaire. Et se sentir gratifié,
n'est-ce pas déjà se sentir apaisé ?

RÉPARTISSEZ VOTRE EFFORT

Pour retrouver votre calme,
une série de petites astuces *réparties*
dans la journée sera plus efficace qu'un
effort unique ; le chemin vous semblera
moins long.

FAITES AMI-AMI
AVEC LA CAMOMILLE

C'est l'antidote naturel contre
le stress. Chaque fois que vous avez
envie de vous relaxer, prenez
une tasse de camomille avec *un peu
de miel ou de citron.*

C'EST LA RÉCRÉ !

Plusieurs fois par jour, donnez-vous
la permission de vous *relaxer*,
d'oublier vos soucis, ne serait-ce
qu'un instant.

DONNEZ L'EXEMPLE

Si vous voulez calmer un collègue
stressé, adoptez un *ton posé*
et des gestes mesurés. L'effet se fera
immédiatement sentir.

AVANCEZ MASQUÉ

Rien ne soulage des tensions aussi
agréablement qu'un *masque apaisant*.
Si le temps vous manque, plaquez sur
votre visage une serviette chaude
et humide.

SOURIEZ AU CŒUR
DE LA TOURMENTE

Ceux qui savent rester calmes lors
de conflits entre personnes sont ceux
qui les avaient prévus, qui les
acceptent et qui les considèrent
comme un élément *positif*
de la communication.

DESSERREZ LA CEINTURE

Des vêtements *amples* permettent
de se sentir physiquement relaxé.
Un bon début pour atteindre
la sérénité...

UTILISEZ LE STRESS

Certains types de stress sont très
dynamisants : un tour de montagnes
russes, un effort sportif, un défi
professionnel que vous vous fixez
à vous-même. Mettez un peu de *stress
positif* dans votre journée, cela vous
aidera à rester calme.

MÉDITATION = CONCENTRATION

L'élément essentiel de la méditation, c'est la *concentration*. Vous trouverez l'apaisement en ne pensant qu'à une seule chose – une tâche, une action, un son, une image ou un concept.

ESSAYEZ D'ÊTRE UN B

Les personnalités détendues
sont décrites comme du *type B*.
Elles sont sereines, ne prennent
pas trop la vie au sérieux et savent
s'amuser. Si vous n'êtes guère enclin
à ce genre d'attitude, faites semblant
de correspondre au type B,
au moins une fois par jour.

LAISSEZ LE STRESS DERRIÈRE VOUS

Lorsque vous vous trouvez sous tension, levez-vous et *éloignez-vous*. Prendre ses distances avec la source de ses angoisses suffit souvent à se sentir beaucoup plus détendu.

CONCENTREZ-VOUS
SUR LE FARNIENTE !

De temps en temps, il est agréable
de n'avoir *rien* à faire. Apprenez
à ne pas culpabiliser devant cette
oisiveté provisoire et laissez-vous
bercer par la douce sensation de calme
qui l'accompagne.

SOYEZ PO-SI-TIF !

Les paroles encourageantes ont un
impact bénéfique sur vos émotions.
Si vous savez remplacer les
formulations négatives par leur
équivalent positif, vous pourrez toucher
du doigt la sérénité.

CHAQUE CHOSE
EN SON TEMPS

Le *multitâche*, c'est bon pour
les ordinateurs ! Évitez de passer
à un nouveau dossier s'il reste des
questions à régler sur le précédent.
Votre efficacité en sera améliorée,
sans heurt ni stress.

MONTREZ LES DENTS

Sourire déclenche une sensation
de plaisir dans le cerveau.
Allez encore plus loin : *riez* un bon
coup – c'est une plus-value
non négligeable !

FAITES DES CHOIX

Essayez de *répertorier* les choix qui s'offrent à vous dans tous les aspects de votre travail et passez-les en revue régulièrement. Vous aurez ainsi l'impression de contrôler parfaitement la situation.

STOP !

Pour dominer une situation
angoissante, commencez par vous
arrêter pour réfléchir. Une fois que
vous aurez analysé vos pensées
et étudié votre position, vous
dénouerez l'une après l'autre
les difficultés qui vous causaient
tant de souci.

NE FAITES RIEN À MOITIÉ

Les *aliments complets* sont propices au calme intérieur : la farine complète, les céréales et les graines sont riches en substances apaisantes comme les vitamines B et le magnésium.

RELATIVISEZ VOTRE CHARGE DE TRAVAIL

La perception de votre charge
de travail est en général davantage
liée au *temps imparti* pour l'accomplir
qu'à la quantité de travail en elle-
même. Adaptez votre emploi du temps
et votre charge de travail se régulera
d'elle-même.

RETOUR À LA NATURE

Aussi merveilleuse et stimulante
que puisse être la vie moderne,
il y a beaucoup à gagner à *s'en éloigner*
de temps en temps. N'hésitez pas
à chercher le repos et la paix dans
des lieux moins « civilisés ».

OUBLIEZ UN PEU
LES AUTRES !

Si vous parvenez à satisfaire
vos propres exigences *avant* celles
des autres, vous serez à la fois
plus détendu et plus efficace.

DÉNOUEZ-VOUS !

Les cravates provoquent plus qu'un
simple inconfort :
elles *brident* vos émotions
et vos attitudes. Alors, desserrez
ce nœud et détendez-vous...

NE DITES PLUS:
« JE DOIS »

Chaque fois que vous utilisez le verbe
« devoir », en pensée ou en parole,
vous vous imposez une pression.
Trouvez une formulation *moins
autoritaire*, la vie n'en sera que
plus agréable.

DIVISEZ POUR RÉGNER

Reporter un travail peut entraîner
toutes sortes de soucis. Pour les
surmonter, *divisez* ce travail en une
série de petites tâches isolées,
auxquelles vous vous attaquerez en
commençant par les plus ennuyeuses.

AMÉLIOREZ
VOTRE ORDINAIRE

Il n'y a qu'un seul domaine au monde
où vous avez une totale maîtrise
de la situation : *le vôtre*. Si vous
concentrez vos efforts sur les choses
que vous contrôlez, vous ne perdrez
plus votre temps à vous battre contre
des moulins à vent.

SOYEZ ORGANISÉ

Réservez *vingt minutes* par jour à la
prise de décisions et à l'organisation
de votre temps. Promettez-vous
de prendre au moins une décision
dans ces moments-là.

CRÉEZ
VOTRE PROPRE CALME

Tout acte *créatif* (peinture, danse, couture, cuisine) est générateur de satisfaction… et d'apaisement.

ZAPPEZ !

Si vous pouvez couper le sifflet
au *rationalisme* pour zapper sur
l'intuition, vous aurez en main l'arme
absolue pour atteindre la sérénité.

VISUALISEZ-VOUS

Visualisez une *image mentale* de vous-même, souriante et enthousiaste, et jetez-y un coup d'œil de temps à autre dans la journée.

MASSEZ-VOUS LES PIEDS

Tous les points relaxants du pied sont
facilement accessibles en pressant
le poing sur la *plante des pieds*.
Un massage plantaire et... en route
pour la relaxation !

FAITES L'AMOUR

Faire l'amour est un excellent moyen
pour évacuer les tensions du corps
et de l'âme.

RETOMBEZ EN ENFANCE

Si vous avez vécu une *enfance heureuse*,
repensez-y dans vos moments
de stress et de tension. Des souvenirs
positifs sont propices à la détente.

REPOSEZ CE TÉLÉPHONE !

Pour beaucoup d'entre nous,
téléphoner *moins souvent* est un moyen
simple de retrouver son équilibre.

FAITES DES JALOUX !

Songez que, quelle que soit votre
situation, des millions de gens
donneraient tout pour être
à *votre place*.

SOYEZ GRACIEUX

La *grâce* est un puissant antidote
contre le stress. N'avez-vous pas
remarqué qu'il est impossible
de se sentir tendu en effectuant
les mouvements fluides et élégants
du tai-chi ?

COURAGE, FUYEZ !

Lorsque la colère vous gagne,
marchez une dizaine de minutes
avant de dire ce que vous avez à dire.
Ainsi, vous ne laisserez pas parler
vos seules émotions.

DÉGUISEZ VOS PEURS

Pour que vos craintes ne soient plus
aussi vives, imaginez-vous dans un état
d'extrême anxiété, puis *« travestissez »*
cette image mentale de manière
amusante : avec des vêtements
grotesques, un maquillage de clown...
Si cela vous fait sourire, la sérénité
est à portée de main !

RECHERCHEZ LA FRAÎCHEUR

L'air frais, les fruits frais, les fleurs
coupées... Chaque fois que cela
vous est possible, mettez un peu
de *fraîcheur* dans votre vie.
Vous y trouverez une source de calme
et de beauté.

GARDEZ LE SILENCE !

La sérénité vous sourira si vous passez au moins un quart d'heure par jour *dans le silence* – même si cela signifie qu'il faut vous lever plus tôt pour y parvenir.

REGARDEZ DU BON CÔTÉ

Il y a *toujours* un bon côté des choses,
même dans les situations les plus
déprimantes. Cherchez ce bon côté
et laissez-vous aller
à une profonde détente...

CHANGEZ DE MENTALITÉ

Non, vous n'êtes pas nécessairement
compétent dans tous les domaines.
Déléguez ou refusez les tâches que
vous savez d'avance ne pas pouvoir
mener à bien. Vous ne vous
en sentirez que plus serein.

DEVENEZ CRÉATIF

Il y a trois grandes forces dans l'existence : l'instinct de création, l'instinct de mort et l'instinct de survie. *L'instinct de création* est le plus positif. Essayez de trouver la manière la plus créative de mener votre vie et vous accéderez à la paix.

LE TRAVAIL,
C'EST LES VACANCES

Comme vous vous sentiriez bien si vous
vous imaginiez tous les jours
en vacances, si vous cultiviez chaque
jour cet état d'esprit ! Tout ce qu'il
vous faut, c'est un petit catalyseur :
une photo, un souvenir, une chemise
hawaïenne dans votre attaché-case,
et vous voilà déjà au soleil !

Cet ouvrage composé
par D.V. Arts Graphiques à Chartres
a été achevé d'imprimer
dans les ateliers de Brodard et Taupin
à La Flèche (Sarthe)
en janvier 2000 pour le compte des Presses du Châtelet

Imprimé en France
N° d'édition : 64 – N° d'impression : 1718X
Dépôt légal : janvier 2000